올림포스 최강 커플
제우스와 헤라

재미만만 그리스 로마 신화 2
올림포스 최강 커플 제우스와 헤라

초판 1쇄 발행 2022년 1월 5일 | **글** 보린 | **그림** 백두리 | **감수** 김길수 | **발행인** 이재진 | **편집장** 안경숙 | **편집 및 디자인** 구름돌, 정혜란
마케팅 이화종, 정지운, 김미정, 신희용, 박현아, 박소현 | **제작** 신홍섭 | **펴낸곳** ㈜웅진주니어 | **주소** 경기도 파주시 회동길 20 (우)10881
문의전화 031)956-7442(편집), 02)3670-1191, 031)956-7065, 7069(마케팅) | **홈페이지** www.wjjunior.co.kr
블로그 wj_junior.blog.me | **페이스북** facebook.com/wjbook | **트위터** @wjbooks | **인스타그램** @woongjin_junior
출판신고 1980년 3월 29일 제406-2007-00046호 | **제조국** 대한민국

글 ⓒ보린, 2022 | 그림 ⓒ백두리, 2022
저작권자와 맺은 특약에 따라 검인을 생략합니다.

웅진주니어는 ㈜웅진씽크빅의 유아·아동·청소년 도서 브랜드입니다.
이 책은 저작권법에 따라 보호받는 저작물이므로 무단 전재와 무단 복제를 금지하며,
이 책 내용의 전부 또는 일부를 이용하려면 반드시 저작권자와 ㈜웅진씽크빅의 서면 동의를 받아야 합니다.

ISBN 978-89-01-25509-5 · 978-89-01-25506-4(세트)
* 잘못 만들어진 책은 바꾸어 드립니다.

▲주의 1. 책 모서리가 날카로워 다칠 수 있으니 사람을 향해 던지거나 떨어뜨리지 마십시오.
        2. 보관 시 직사광선이나 습기 찬 곳은 피해 주십시오.

일러두기
1. 이 책에 나오는 인명 및 지명 등은 국립국어원에서 펴낸 『표준국어대사전』을 기준으로 삼았습니다.
2. 그 외의 명칭은 외래어 표기법의 규정을 따랐습니다.

올림포스 최강 커플
제우스와 헤라

글 보린 | 그림 백두리

웅진주니어

차례

- 다툼 해결의 명소, 엎치락뒤치락 해결소 7
- 제우스의 움직이는 사랑, 사랑인가? 19
- 헤라의 괴롭힘, 경고인가? 46
- 올림포스 최강 커플, 제우스와 헤라 74

계보에서 찾아라! 86

다툼 해결의 명소, 엎치락뒤치락 해결소

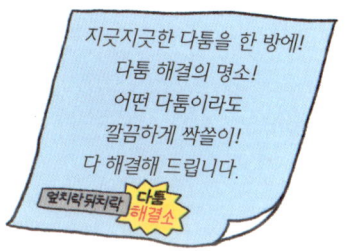

올림포스산에 있는 엎치락뒤치락 해결소는 그리스에서 둘도 없는 은밀한 다툼 해결소이다. 다들 알고 있겠지만, 올림포스산은 신들의 궁전이 있는 곳으로 사람들이 마음대로 들어갈 수 없는 곳이다. 그러니까 해결소를 드나드는 손님도 신, 아니면 이름난 영웅이다.

별별 능력에 어마어마한 힘까지 지닌 신과 영웅들이 다툰다면? 아무나 해결할 수 있는 일은 아니다. 게다가 신들의 일에 누구든 섣불리 나설 수는 없는 법이니까.

하지만 엎치락뒤치락 해결소에는 누구도 따라올 수 없는 실력자들이 있었다. 해결소의 기둥, 빼미 소장의 무엇이든 꿰뚫어 보는 날카로운 눈! 그리고 청동 로봇 조수 동골이의 뛰어나고 정확한 조사 능력! 해결소에서는 빼미 소장과 동골이의 이런 실력을 바탕으로 정확히 원인을 조사하고 검증하여 다툼을 해결했다. 그 덕분에 신과 영웅들 사이에서 명품 해결소로 이름을 떨치게 되었다.

빼미 소장
나이가 얼마인지 알 수 없는 올빼미로, 지혜의 여신 아테나의 책사였다는 소문도 있음.

동골이
헤파이스토스가 만든 청동 괴물 탈로스의 복제품임. 탈로스보다 한층 업그레이드된 인공 지능 로봇.

피곤한 기 싸움에서부터 골치 아픈 논쟁, 얽히고설킨 갈등, 사소한 불화까지 단방에 해결! 올림포스의 다툼이란 다툼은 엎치락뒤치락 해결소에서 도맡아 처리하고 있었다.

빼미 소장과 동골이는 가끔 서로 툭툭대기도 했지만 떼려야 뗄 수 없는 찰떡궁합, 환상의 콤비다.

하지만 오늘은 둘 다 일할 맛이 안 난다.

"으아아아! 마른하늘에 웬 날벼락? 이놈의 천둥 번개!"

꾸벅꾸벅 졸던 빼미 소장이 깜짝 놀라 날개를 파드닥거렸다.

"빼미 소장님, 선글라스랑 귀마개 드릴까요?"

"그것참 좋은 생각이다. 어휴, 그나저나 이러니까 그리스 사람들이 아우성을 치지. 동골아, 시민 청원까지 올라왔던데? 알고 있어?"

"그럼요, 벌써 천 명 넘게 동의했대요."

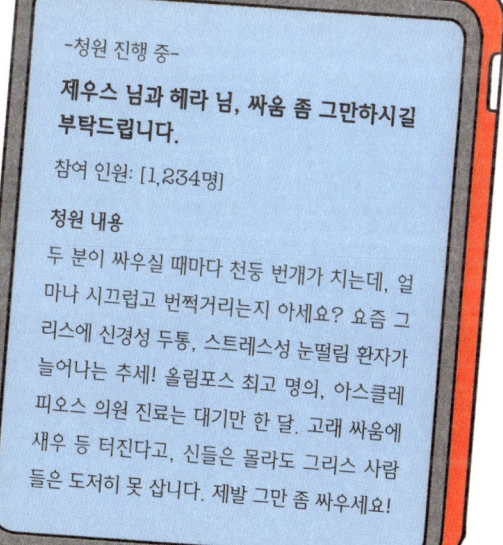

-청원 진행 중-

제우스 님과 헤라 님, 싸움 좀 그만하시길 부탁드립니다.

참여 인원: [1,234명]

청원 내용

두 분이 싸우실 때마다 천둥 번개가 치는데, 얼마나 시끄럽고 번쩍거리는지 아세요? 요즘 그리스에 신경성 두통, 스트레스성 눈떨림 환자가 늘어나는 추세! 올림포스 최고 명의, 아스클레피오스 의원 진료는 대기만 한 달. 고래 싸움에 새우 등 터진다고, 신들은 몰라도 그리스 사람들은 도저히 못 삽니다. 제발 그만 좀 싸우세요!

그때, 오늘 첫 의뢰가 전자 우편으로 들어왔다.

"의뢰 왔슝! 의뢰 왔슝!"

"또 호들갑이구나! 올림포스 명품 해결소의 조수답게 품위를 지키려무나."

"흐흐흐, 의뢰가 들어올 때마다 좋은 걸 어떡해요!"

조수 동골이는 말을 끝내기가 무섭게 눈에서 푸른 빛줄기를 쏘았다.

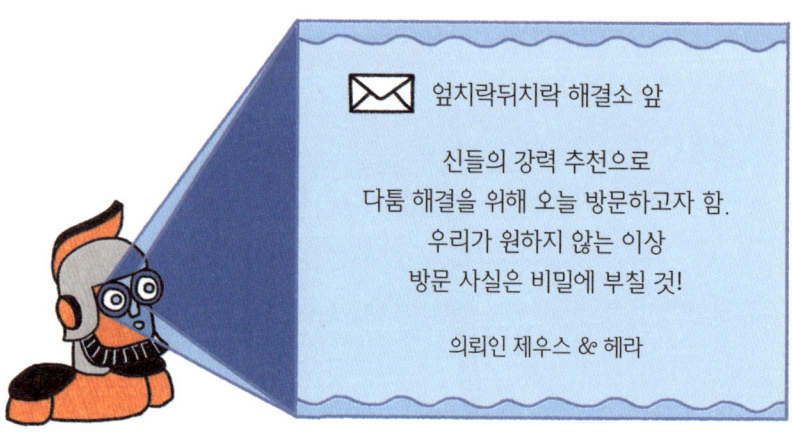

✉ 엎치락뒤치락 해결소 앞

신들의 강력 추천으로
다툼 해결을 위해 오늘 방문하고자 함.
우리가 원하지 않는 이상
방문 사실은 비밀에 부칠 것!

의뢰인 제우스 & 헤라

요즘 시민 청원이다 뭐다 그리스가 들썩들썩하더니, 의뢰인은 바로 저 천둥 번개의 원흉인 제우스 신과 헤라 여신 부부였다.

"세상에! 여러 신과 영웅들이 다녀갔지만, 제우스 님과 헤라 님이라니요? 우리 엎치락뒤치락 해결소가 신과 영웅들 사이에서 진짜 유명해졌나 봐요!"

동골이는 손뼉을 치며 좋아했지만 빼미 소장의 낯빛은 점차 어두워졌다.

'제우스 님과 헤라 님이 어디 보통 신인가! 세상만사의 결정권을 쥔 신, 그중에서도 절대 권력인 신들의 왕과 여왕이지 않은가. 두 분에게 무슨 문제가 있는 게 분명…….'

동골이는 번쩍번쩍 번개가 이는 올림포스산 꼭대기를 가리키며 침을 꼴딱 삼켰다.

"빼미 소장님, 우리 진짜 열심히 해야겠는데요."

빼미 소장도 고개를 세차게 끄덕였다.

"의뢰인들이 오기 전에 조사를 철저히 하자꾸나. 이번에야말로 한 치의 실수도 없어야 해. 제우스 신과 헤라 여신이 자신들의 방문을 비밀에 부치라고 한 걸 보면 아주 예민한 문제일 게 분명해. 두 분의 심기를 건드려서는 절대 안 돼!"

"네, 소장님! 뛰어나고 정확한 제 조사 능력을 믿어 보십시오!"

"그래, 먼저 제우스 님과 헤라 님이 어떤 신인지 자세히 알아보자꾸나!"

신들의 왕으로 정의와 질서의 수호자. 제우스의 상징은 새 가운데 가장 용맹한 독수리, 나무 가운데 가장 단단한 떡갈나무, 태양계 행성 가운데 가장 큰 목성. 천둥, 번개, 벼락까지 자유자재로 사용.

신들의 여왕으로 결혼과 가정의 수호자. 강하고도 아름다운 여신. 헤라의 상징은 눈처럼 하얀 암소, 용맹한 암사자, 화려한 공작새, 불멸의 황금 사과가 열리는 나무. 눈부신 무지개는 헤라의 말을 전하는 심부름꾼.

제우스와 헤라에 대한 조사가 끝나자, 빼미 소장이 제우스의 여러 조사 결과를 보면서 고개를 갸웃거리며 중얼거렸다.

"어라, 이건 뜻밖인데? 제우스 님은 신들의 왕으로 엄청난 능력을 가진 줄 알았는데, 의외로 전지전능한 신은 아니네. 다른 신과 괴물들의 반발에 골치를 썩기도 하고, 특히 아내 헤라 님의 속임수에 잘 넘어갔어. 게다가 자주 쓰는 능력은 신들에게는 흔하디흔한 변신 능력이야."

이번에는 동골이가 헤라의 여러 조사 결과를 보면서, 빼미 소장의 말투를 그대로 따라 중얼거렸다.

"어라, 이것도 뜻밖인데요? 헤라 님은 아름다운 외모와 달리 무시무시한 괴물을 부하로 거느리고 있네요. 눈이 백 개 달린 거인 아르고스, 머리가 백 개 달린 괴물 용 라돈, 거대한 게 카르키노스……."

"어허, 서당 개 삼 년에 풍월을 읊는다더니 제법이구나!"

빼미 소장이 동골이를 향해 웃더니, 차분하게 생각에 잠겼다.

"흠, 좋아. 그럼 두 분이 이렇게 자주 다투는 이유가 뭔지 올림포스 빅 데이터에 접속해서 알아봐야겠다. 동골아, 제우스 님과 헤라 님의 연관 검색어는 뭐가 뜨는지 찾아보렴."

동골이가 즉시 올림포스 빅 데이터에 접속하더니, 두 신에 대한 연관 검색어를 띄우기 시작했다.

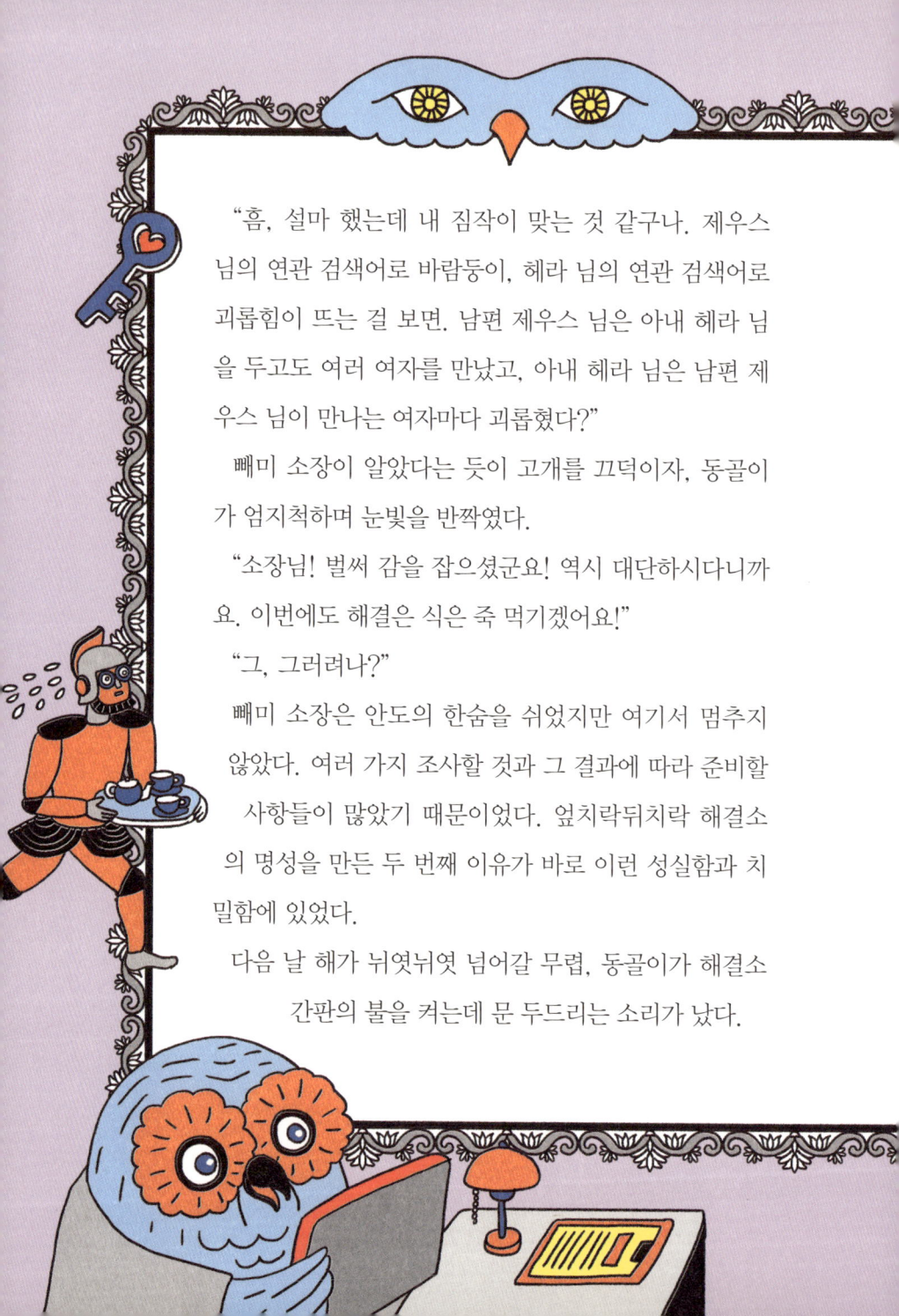

"흠, 설마 했는데 내 짐작이 맞는 것 같구나. 제우스 님의 연관 검색어로 바람둥이, 헤라 님의 연관 검색어로 괴롭힘이 뜨는 걸 보면, 남편 제우스 님은 아내 헤라 님을 두고도 여러 여자를 만났고, 아내 헤라 님은 남편 제우스 님이 만나는 여자마다 괴롭혔다?"

빼미 소장이 알았다는 듯이 고개를 끄덕이자, 동골이가 엄지척하며 눈빛을 반짝였다.

"소장님! 벌써 감을 잡으셨군요! 역시 대단하시다니까요. 이번에도 해결은 식은 죽 먹기겠어요!"

"그, 그러려나?"

빼미 소장은 안도의 한숨을 쉬었지만 여기서 멈추지 않았다. 여러 가지 조사할 것과 그 결과에 따라 준비할 사항들이 많았기 때문이었다. 엎치락뒤치락 해결소의 명성을 만든 두 번째 이유가 바로 이런 성실함과 치밀함에 있었다.

다음 날 해가 뉘엿뉘엿 넘어갈 무렵, 동골이가 해결소 간판의 불을 켜는데 문 두드리는 소리가 났다.

"자, 잠시만요!"

동골이가 허둥허둥 문을 열자, 제우스와 헤라가 눈앞에 서 있었다. 제우스와 헤라는 동골이에게 점잖게 인사했다.

"전자 우편을 보낸 헤라입니다."

"제우스입니다. 들어가도 되겠소?"

차분하고 무표정한 헤라와 능청스레 웃는 제우스, 두 신은 해결소 안으로 엉큼성큼 걸어 들어와 서로 뚝 떨어져 앉았다. 빼미 소장은 매우 노련한 해결사였다. 그래서 동골이가 차를 내오는 동안, 시치미를 뚝 떼고 두 신에게 부드러운 목소리로 말을 걸었다.

"제우스 님과 헤라 님이 우리 해결소를 찾아 주시다니 크나큰 영광입니다."

제우스와 헤라가 해결소 안을 신기한 듯이 둘러보며 차례로 말했다.

"험험, 우리는 다툼을 해결하러 왔소."

"그리스 사람들이 아우성이라, 뭐든 해야겠다 싶어서요."

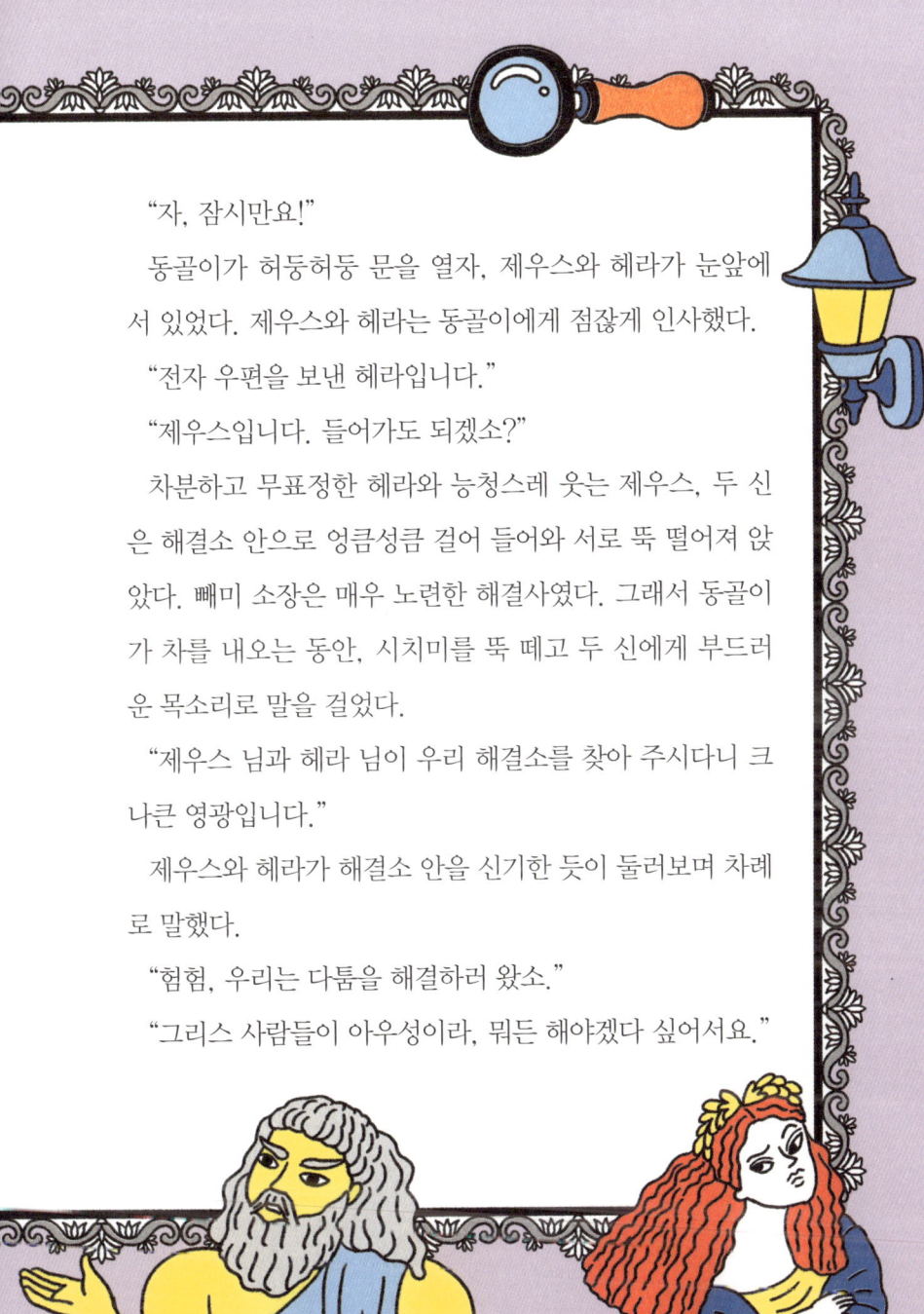

그러더니 두 신이 어떤 문제로 다투는지 자신들의 생각을 말하기 시작했다.

제우스의 움직이는 사랑이 문제예요. 우리 가정이 흔들리는데, 결혼과 가정의 수호자인 내가 그걸 어떻게 두고만 보겠어요? 제우스가 이 여자 저 여자 사랑하지 않았더라면 내가 그들을 괴롭혀서 경고할 일도 없었겠죠. 안 그래요? 게다가 그런 일을 저질러 놓고도 나를 사랑한다니, 말도 안 되는 소리예요. 그런데 말이죠, 제우스가 사랑한 여자들은 제우스의 사랑을 어떻게 생각했을까요? 나에 대한 사랑도, 그들에 대한 사랑도 나는 사랑이 아니라고 생각해요. 그러니까 제우스는 사랑한다고 말할 자격이 없어요.

천만의 말씀! 문제는 헤라에게 있소이다. 내가 사랑한 여자들과 내 자식들을 괴롭혀도 너무 괴롭혔소. 헤라, 그게 경고라고 생각하오? 헤라는 내가 사랑한다고 말할 자격이 없다고 하는데, 그건 분명 사랑이라오. 아내 헤라도, 헤라가 괴롭힌 그들도 진심으로 사랑했다오. 사랑하는 게 죄는 아니잖소! 나는 헤라에게 입이 닳도록 말했다오. 우리 가정을 흔들리게 할 뜻은 눈곱만치도 없었다고. 나는 그저 사랑이 넘치는 신일 뿐이라고.

동골이가 두 신의 말을 듣더니 빼미 소장에게 소곤거렸다.
"오, 소장님이 짐작한 대로예요. 역시 족집게이십니다!"
동골이의 말에 빼미 소장은 두 신의 눈치를 살피며 재빨리 나섰다.
"사실, 헤라 님의 전자 우편을 받고 저희 해결소에서 미리 준비한 게 있습니다. 지금부터는 두 분의 문제를 해결하기 위해 두 가지 쟁점으로 질문하겠습니다. 솔직하게 대답해 주셔야 합니다."

제우스의 움직이는 사랑, 사랑인가?

빼미 소장이 두 신을 찬찬히 살펴보더니, 제우스에게 물었다.

"제우스 님, 헤라 님이 제우스 님의 사랑을 믿지 않으시잖아요. 게다가 다른 분들에 대한 제우스 님의 사랑도 문제가 있다고 하시고요. 헤라 님의 생각에 대해서는 어떻게 생각하세요?"

제우스가 당당하게 말했다.

"헤라가 뭐래도 내 마음은 진심이오. 물론 내가 사랑한 여자들에 대한 마음도 진심이오. 분명 사랑이라오. 그게 사랑이 아니라면 뭐란 말이오!"

빼미 소장이 이번에는 헤라 쪽으로 고개를 돌렸다.

"제우스 님은 그래도 사랑이라고 말하시는데요. 헤라 님은 어떻게 생각하세요?"

헤라가 매몰찬 태도로 고개를 저었다.

"사랑요? 사랑이라면 상대를 존중하고 배려하는 게 사랑 아닌가요? 하지만 제우스는 상대를 배려하지 않고 막무가내로 다가가지요. 제우스의 사랑은 늘 그런 식이었어요. 나는 누구보다 제우스를 잘 안답니다."

제우스가 펄펄 뛰며 소리쳤다.

"누가 막무가내로 다가갔다고 그래요? 상대도 나를 좋아했다고, 내 매력에 흠뻑 빠져서……."

헤라가 제우스의 말을 싹둑 잘랐다.

"어휴, 기가 막히네요. 그럼 왜 정체를 속이고 다가갔을까요? 백조로 변신하고, 황금 비로 변신하고, 제우스를 제우스라 하지 못하고 도대체 왜 그랬을까요?"

"그, 그건 헤라, 당신에게 들킬까 봐 그런 거요. 내 사랑을 사사건건 방해하니까 말이오. 안 그렇소?"

헤라가 탁자를 내리쳤다. 상담실 탁자가 손동작 한 번에 와자작 주저앉았다.

빼미 소장이 얼른 둘 사이에 끼어들었다.

"자, 자, 진정하시고요! 두 분의 문제를 해결하기 위해 제우스님이 말한 대로 그분들도 사랑이라고 느꼈는지 사실을 확인해 볼게요. 우리 해결소의 특기 중엔 팩트 체크란 게 있는데, 이 기술을 한번 써 보겠습니다. 동골아, 준비됐지?"

"네, 소장님, 증인 연결 준비하겠습니다!"

흰 암소가 되는 형벌

제우스의 사랑 때문에 흰 암소가 되어서 눈이 백 개나 달린 거인 아르고스의 감시에 옴짝달싹 못 하는 신세. 제우스가 헤르메스를 보내 아르고스를 죽였는데도 헤라가 보낸 등에한테까지 쫓기는 극심한 고통이 줄줄이.

드디어 고통 끝!

암소인 채로 그리스를 가로질러 달리고 달려, 나일강 기슭에 도착해서야 사람의 모습으로 돌아와 제우스의 아들 에파포스를 낳는 기승전, 고통 끝의 대명사!

영웅 페르세우스의 엄마

자신이 낳은 아들이 아버지 아크리시오스를 죽인다는 신탁을 받고 청동 탑에 갇힌 비운의 캐릭터. 제우스가 변신한 황금 비를 맞고 괴물 메두사를 없앤 영웅 페르세우스를 낳는다.

엄마에 진심, 페르세우스

페르세우스는 다나에와 억지로 결혼하려던 폴리데크테스를 메두사의 머리를 이용해 돌로 만든다. 하지만 신탁에서 말한 대로 페르세우스의 손에 외할아버지 아크리시오스가 죽고 마는 비극적 가족사.

곰이 된 칼리스토

아르테미스 여신으로 변신해 다가온 제우스와 어울렸다가 제우스의 아들 아르카스를 낳는다. 그러자 화가 난 헤라가 곰으로 만들어 버리는데…….

곰과 사냥꾼으로 만난 엄마와 아들

훌륭한 사냥꾼으로 늠름하게 자란 아들 아르카스가 겨눈 화살이 곰인 엄마 칼리스토에게 날아가려는 순간, 제우스가 두 사람을 큰곰자리와 작은곰자리로 만들어 버리는 영광스러운 극적 반전.

올림포스 열두 신 아폴론과 아르테미스의 엄마로

제우스와 사랑에 빠져 쌍둥이를 갖게 되자, 헤라의 분노 유발. 햇빛이 비치는 어느 땅에서도 아이를 낳지 못하게 헤라의 집요한 방해 시작. 아이 낳을 곳을 찾아 온 세상을 헤매고 다니는 꼬리에 꼬리를 무는 고난의 연속.

하지만 다른 여신들과 바다의 신 포세이돈의 도움으로 천신만고 끝에 아폴론과 아르테미스 쌍둥이를 무사히 낳는 훈훈한 해피 엔딩의 주인공.

『올림포스 최강 커플 제우스와 헤라』 카드

다나에

출신: 아르고스의 공주
자녀: 영웅 페르세우스
흑역사: 청동 탑에 감금

이오

직업: 헤라를 섬기는 사제
자녀: 에파포스
싫어하는 것: 공작

레토

출신: 티탄 신족, 제우스와 사촌지간
자녀: 아폴론과 아르테미스 쌍둥이
성격: 강한 인내력

칼리스토

출신: 님프
멘토: 사냥과 달의 여신 아르테미스
제우스의 선물: 별자리

엄격한 관리자
둘째가라면 서러울 원칙주의자 헤라는 전통과 질서를 세워 가정과 사회를 지키는 철두철미한 성격. 그래서 제우스가 사랑한 여자와 자식들을 심하게 괴롭히는데, 올바른 세상을 만들기 위한 신념 때문.

반전 매력의 소유자
헤르메스, 디오니소스, 헤라클레스 등 제우스가 다른 여자와의 사이에서 낳은 자식들을 결국 사랑으로 감싸 안는 까칠하지만 다정한 여신.

대담한 통솔자
자신감과 카리스마로 똘똘 뭉친 제우스는 올림포스를 다스리고 인간 세상을 지키기 위해 다른 신과 영웅들을 앞장서서 이끈다. 또한 어떤 도전이라도 앞뒤 가리지 않고 저돌적으로 돌진!

대단한 사랑꾼
특기인 변신술을 이용해 신과 인간들을 가리지 않고 사랑에도 돌직구. 그래서 헤라의 속을 많이 태웠으나, 헤라가 다스리는 가정과 결혼의 영역만큼은 인정한 불세출의 사랑꾼!

제우스의 납치극
바닷가에서 놀다가 하얀 뿔이 달린 황소로 변신한 제우스에게 납치당함. 크레타섬에서 제우스의 사랑 고백을 받고 아들 셋을 낳는다. 제우스의 아들 셋을 낳고 크레타 왕과 결혼한다.

제우스의 깜짝선물
제우스에게 과녁을 절대로 벗어나지 않는 창, 사냥감을 반드시 잡는 개, 섬을 철통같이 지키는 청동 괴물 탈로스를 깜짝선물로 득템. 제우스의 아들 셋을 크레타 왕과 여봐란듯이 잘 키운다.

아름다워도 너무 아름다워
아름다워도 너무 아름다워 제우스가 가여운 백조로 변신해 접근. 백조를 안아주고서 알 두 개를 낳는데, 알 하나에 남녀 쌍둥이 한 쌍씩, 네 명의 아이 탄생. 그중 헬레네와 폴리데우케스는 제우스의 아이, 클리타임네스트라와 카스토르는 남편 틴다레오스의 아이.

억울해도 너무 억울한!
사랑하는 남편 틴다레오스 왕이 버젓이 있는데, 제우스의 아이를 낳게 되어 억울해도 너무 억울한 '눈 뜨고도 코 베인' 캐릭터의 전형.

『올림포스 최강 커플 제우스와 헤라』 카드

제우스②

출생: 크로노스와 레아의 아들
배우자: 헤라
특기: 변신술

헤라②

배우자: 제우스
애장품: 아르고스의 눈을 붙인 공작, 키비시스, 헤라의 말을 전하는 무지개 등

레다

배우자: 스파르타의 왕 틴다레오스
매력: 국보급 미모
자랑 1호: 딸 헬레네

에우로페

출신: 페니키아 티루스의 공주
자식: 미노스, 라다만토스, 사르페돈
특징: 에우로페, '유럽'이란 이름의 어원

23

☑ 팩트 체크 1. 레다에게 듣다

 음, 제가 뭘 말해야 한다고 했죠? 아! 제우스 님의 사랑을 느끼고 저도 제우스 님을 사랑했냐? 맞죠? 먼저 제 소개부터 할게요. 저는 레다라고 해요. 스파르타의 왕 틴다레오스의 왕비랍니다.
 저는 이미 결혼한 몸, 그런 제가 올림포스산 꼭대기에서 세상을 살피던 제우스 님의 눈에 뜨이고 말았지요. 보시다시피 제가 꽤 아름답거든요. 하지만 저는 스파르타의 왕비, 제우스 님이 함부로 다가오지 못했어요.

그러던 어느 날이었어요. 제가 늘 산책하는 길목에 크고 아름다운 백조가 기다란 목을 힘없이 늘어뜨리고 있는 거예요. 저는 백조에게 눈길을 빼앗겼어요. 그렇게 아름다운 백조는 처음 보았거든요. 백조가 얼마나 가엾던지, 저는 그 아이를 따뜻하게 감싸 안아 주었답니다.

참 가여운 아이로구나.

 그런데 세상에, 알고 보니 백조가 바로 제우스 님이었지 뭐예요. 제우스 님이 백조로 변신했던 거였어요.

 저는 얼마 뒤에 알 두 개를 낳았지요. 알 하나에 남녀 쌍둥이 한 쌍씩, 네 명의 아이가 태어났답니다. 그 가운데 헬레네와 폴리데우케스는 제우스의 아이였고, 클리타임네스트라와 카스토르는 남편 틴다레오스의 아이였죠.

 제 딸이 좀 유명한데, 아실지 모르겠네요. 세상에서 가장 아름

다운 여인 헬레네, 너무 아름다워서 트로이 전쟁의 불씨가 된 그 애 말이에요.

 그건 그렇고, 제가 어땠겠어요? 얼마나 기가 막혔겠어요? 백조가 제우스 님인 줄 알았더라면요? 한 나라의 왕비인 데다 사랑하는 남편 틴다레오스 왕이 버젓이 있는데, 제우스 님의 사랑이라니 어림없죠!

제우스 님에게 사랑을 느꼈냐고요? 제가 제우스 님을 사랑했냐고요? 상대의 마음을 얻기 위해 속이다니요. 그런 게 사랑일 수 없죠. 사랑은 거짓 위에서는 자랄 수 없답니다.

☑ 팩트 체크 2. 에우로페에게 듣다

안녕하세요? 페니키아 티루스의 공주, 에우로페랍니다. 제 입으로 말하긴 부끄럽지만, 제가 예쁘기만 한 게 아니라 마음씨도 곱다고들 하더라고요. 아버지 아게노르 왕은 그런 저를 끔찍이 사랑하셨어요.

음, 저는 시녀들과 바닷가에서 놀다가 제우스 님을 만났어요. 처음엔 제우스 님이 변신한 줄도 몰랐지만요. 제가 본 건 하얀 뿔이 달린 황소였어요. 진짜 멋진 황소였죠! 저는 동물을 좋아하거든요. 그래서 거리낌 없이 다가가 황소의 코에 꽃을 꽂아 주었는데 황소가 몸을 낮추는 거예요. 꼭 타라는 듯이요. 저는 조금 겁이 나기는 했지만 황소의 등에 올라탔어요. 그러자 황소가 바다로 뛰어드는 게 아니겠어요?

저는 다급하게 시녀들에게 구해 달라고 소리쳤어요. 하지만 이미 바다를 건너고 있는 저를 무슨 수로 돕겠어요. 황소의 등에서 발버둥 쳤지만 소용없었죠. 황소는 저를 그대로 납치해 바다 한가운데로 거침없이 헤엄쳐 갔어요. 그리고 어느 외딴섬에 도착한 뒤에야 저를 내려 주었죠.

그 외딴섬은 제우스 님이 어릴 적 자랐던 크레타섬이었어요. 티루스에서 크레타섬은 어마어마하게 먼 거리였어요. 왕궁으로 다시 돌아가려고 해도 불가능한 일이었죠. 크레타섬에 도착하자, 황소는 제우스 님으로 변신해서 제게 사랑을 고백했어요. 놀라서 까무러칠 뻔했죠. 그때 놀랐던 걸 생각하면…….

   제우스 님은 제게 올림포스의 황금 손, 불과 대장간의 신 헤파이스토스 님이 만든 목걸이를 주었어요. 저는 그 뒤로 제우스 님의 아들 미노스, 라다만토스, 사르페돈을 낳았어요.

   그리고는 크레타섬에서 크레타 왕과 결혼을 했어요. 제우스 님은 자신의 아들 셋을 키워 주는 대가로 크레타 왕에게 선물을 주었어요. 과녁을 절대로 벗어나지 않는 창, 사냥감을 반드시 잡는 개, 섬을 철통같이 지키는 청동 괴물 탈로스. 제우스 님이 저랑 아들들을 생각해 주긴 했죠.

> 내 아들들을 잘 키워 주시오.

 그거 아세요? 제 이름 에우로페에서 '유럽'이란 이름이 나왔단 것. 아참, 질문에 대답해야죠. 제가 제우스 님의 사랑을 느꼈냐고요? 음, 글쎄요. 제우스 님이 저를 정말 사랑했다면, 정체를 밝히고 솔직하게 다가와야 했지 않았을까요? 납치하듯이 데려가지 말고, 제 의견을 물어봐야 했지 않았을까요?

 제가 그렇게 사라진 뒤, 저를 끔찍이 아끼던 아버지는 말할 것도 없이 제 가족들이 얼마나 슬퍼했다고요. 더군다나 오빠 카드모스는 저를 찾아서 온 세상을 헤맸답니다. 제우스 님, 이참에 말씀드릴게요.

> 사랑? 상대의 마음을 생각하지도 않는 것이 사랑일까요? 사랑은 배려를 통해 자라나지요. 상대를 배려하지 않는 건 사랑이 아니랍니다!

☑ 팩트 체크 3. 다나에에게 듣다

저는 아르고스의 공주 다나에라고 해요. 제 얘기를 하려면, 아버지 얘기부터 해야 하는데, 괜찮겠죠? 제 아버지 그러니까 아르고스의 왕 아크리시오스는 아들이 없고 딸만 있어 걱정이 많았어요. 그래서 신전으로 가서 신탁을 받았는데, 제가 낳은 아들이 아버지를 죽인다는 아주 끔찍한 이야기였죠.

아버지는 저를 청동으로 만든 높은 탑에 가두었어요. 남자라고는 아예 코빼기도 못 보게 말이에요. 불쌍한 저는 그렇게 탑 속에 갇혀 하늘만 바라보며 살았답니다.

그러던 어느 날, 빗소리가 들려 창밖을 보니 황금 비가 내리고 있었죠. 황금 비는 바로 제우스 님이 변신한 거였어요. 저는 탑 속으로 스며들어 온 황금 비를 맞았고, 얼마 뒤에 아이가 태어났어요. 다들 아시죠? 그 애가 바로 영웅 페르세우스랍니다. 괴물 메두사를 없앤 자랑스러운 아들이죠.

제가 아이를 낳자 아버지는 노발대발했어요. 아버지를 죽일 외손자가 태어났으니까 말이죠. 하지만 그렇다고 해코지할 수도 없었어요. 제우스 님의 아들이니까요. 제우스 님의 분노를 샀다가는 목숨을 부지하기가 힘들 게 뻔했거든요. 아버지는 어쩔 수 없이 저와 아이를 상자에 넣어 바다에 버리고 말았어요.

 다행히도 바다의 신 포세이돈 님이 제우스 님의 부탁을 받고 저와 아이를 지켜 주었어요. 페르세우스는 무사히 살아나 영웅으로 자랐죠. 괴물 메두사를 없애고, 죽은 메두사의 머리를 이용해 저와 억지로 결혼하려던 못된 왕 폴리데크테스를 돌로 변하게 만들었답니다. 휴, 얼마나 다행이었던지.

 그러던 어느 날이었어요. 페르세우스가 원반던지기 대회에서 던진 원반이 공교롭게도 외할아버지 아크리시오스를 죽이고 말

앉어요. 안타깝게도 신탁은 그렇게 이루어지고 말았죠.

저는 지금도 가끔 생각해요. 아들 페르세우스가 없었더라면 평생 그 답답한 청동 탑 속에 갇혀 살았을 거라고. 그래서 제우스 님이 한편으로는 고마운데……, 그렇긴 한데……. 그래도 아닌 건 아닌 거니까요!

☑ 팩트 체크 4. 이오에게 듣다

 저는 헤라 님을 섬기는 사제, 이오랍니다. 어느 날 제가 꿈을 꾸었는데, 레르네 호숫가로 가서 제우스 님의 품에 안기라는 명령을 받았어요. 저는 꿈이 너무 이상해서 아버지께 얘기했죠. 아버지는 두려운 마음에 신전으로 가서 신탁을 받았는데, 집이 벼락에 맞지 않으려면 제 꿈에서 명령한 대로 따르라고 했대요.
 그러니 어째요? 저는 레르네 호숫가로 가서 제우스 님을 만났죠. 나중에 알고 보니 이게 다 제우스 님이 꾸민 일이었지 뭐예요. 헤라 님을 섬기는 사제에게 반해 신탁까지 써서 그런 일을 벌이다니! 하지만 헤라 님이 어디 보통 분이신가요? 낌새를 알아차리고 제우스 님과 제 앞에 나타났죠.

깜짝 놀란 제우스 님은 얼떨결에 저를 흰 암소로 만들어 버렸어요. 그렇게 헤라 님이 무서우면, 애초에 찔릴 짓은 하지 마셨어야지. 저는 그때부터 아주 오랫동안 암소로 살았답니다. 흑흑. 이미 모든 것을 알고 있던 헤라 님이 시치미를 뚝 떼고 암소가 마음에 든다고 달라고 하셨거든요. 제우스 님은 거절할 핑계가 없었고, 저는 그렇게 헤라 님 손에 넘어갔죠.

헤라 님은 온몸에 눈이 백 개나 달린 거인 아르고스를 붙여 밤이고 낮이고 저를 감시하게 했어요. 생각해 보세요, 백 개나 되는 눈을 어떻게 피할 수 있겠어요. 암소가 된 채 꼼짝없이 갇혀 지낼 수밖에 없었죠.

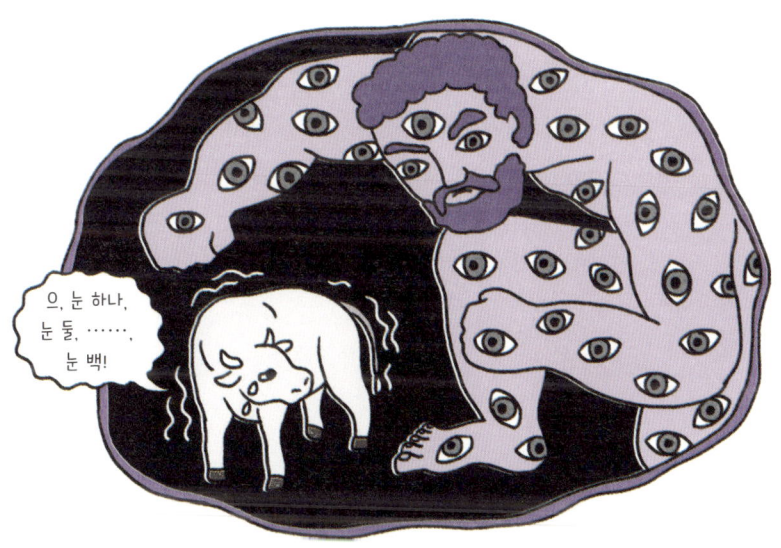

　가족들이 찾으러 왔지만, 암소가 된 저를 알아볼 턱이 있나요. 발굽으로 이름을 써서 알리려고 했지만 소용없었죠. 저를 코앞에 두고도 아르고스에게 쫓겨나고 말았어요. 저는 까마득하게 멀어지는 가족들을 보면서 울고 또 울었어요.

　보다 못한 제우스 님이 전령의 신 헤르메스 님을 보내셨어요. 헤르메스 님은 아름다운 피리 소리와 재미난 이야기로 아르고스를 잠재우고는 목을 베었죠.

　훗날, 아르고스의 죽음을 안타까워한 헤라 님이 그 눈을 떼어, 헤라 님이 좋아하는 공작 꼬리에 붙이셨다죠? 어휴, 공작 꽁지깃에 달린 수많은 동그란 무늬가 아르고스의 눈이라니…….

　아무튼 그때까지도 저는 여전히 암소인 채로, 헤라 님에게 괴롭힘을 당하고 있었답니다. 헤라 님은 얼마나 집요한 분이던지, 이번에는 등에를 보내 저를 괴롭히기 시작했어요. 저는 자꾸만 달라붙는 등에를 피해서 그리스를 가로질러 내달렸어요. 먼저 바닷가의 큰 물굽이를 따라 달렸고, 육지와 육지 사이의 해협도 지났어요.

　그러다 나일강 기슭에 와서야 겨우 사람으로 돌아올 수 있었죠. 그것도 제우스 님이 헤라 님에게 더는 저를 만나지 않겠다고 약속한 뒤에야 말이죠.

거기서 저는 제우스 님의 아들 에파포스를 낳았어요. 지금 와서 말하는데 제우스 님 눈에 뜨였다는 이유만으로 고생이 말이 아니었답니다. 등에한테까지 쫓기던 시절을 상상해 보세요.

제우스 님의 마음이 사랑이었느냐고요? 저라면 사랑하는 사람을 고통 속에 두고 혼자만 쏙 빠져나가지는 않았을 거예요. 물론 아르고스에게서 구해 주긴 했지만요. 그렇다고 제가 겪은 고통이 사라지는 건 아니니까요.

동골이의 눈에서 푸른 빛이 사라졌다.
"이쯤이면 제우스 님의 말에 대한 사실 확인이 끝난 것 같죠?"
빼미 소장의 말이 끝나자마자, 헤라가 차가운 표정으로 고개를 저었다.

"아니요, 안 끝났어요! 나도 준비해 온 게 있어요."

그러고는 품 안에서 주머니 하나를 꺼내자, 제우스가 고개를 갸웃했다.
"키비시스?"
키비시스는 뭐든 넣을 수 있고, 넣은 것은 언제든 꺼낼 수 있는 신통한 물건! 영웅 페르세우스가 헤라에게 빌려 가서 메두사의 머리를 넣는 데 쓴 마법 주머니였다. 헤라가 키비시스를 여니, 그 속에서 뻐꾸기 한 마리가 포르르 날아올랐다.

"어느 날 작은 뻐꾸기가 비를 피해 나에게 날아왔답니다. 나는 뻐꾸기가 가엾어 품에 보듬어 주었지요. 그런데 비가 그치고 나자 뻐꾸기가 제우스로 변신하더니 사랑을 고백하지 뭐예요."
"험험!"

제우스의 겸연쩍은 헛기침 소리에 헤라가 잠깐 말을 멈추고 못마땅한 듯 쏘아보았다.

"나는 기분이 몹시 나빴답니다. 제우스는 정말 내 취향이 아니었거든요. 그전부터 좋다고 따라다니고 따라다녀도, 나는 피해 다니기 바빴어요. 그런데 작은 뻐꾸기로 변신해 감쪽같이 속이고 접근하다니! 그러고는 자신의 사랑을 받아 달라고 막무가내로 애원했지요."

헤라가 잠깐 말을 멈추고 짧게 한숨을 내쉬었다.

"내가 제우스를 방해할까 봐 변신했다고요? 그럼 나에게 다가왔을 땐, 왜 작은 뻐꾸기로 변신을 했을까요? 방해꾼도 없었는데요. 그때는 내가 제우스를 좋아하지 않았기 때문에 나를 속이고 다가온 거예요."

헤라가 말을 하면 할수록 제우스의 표정은 어두워져만 갔다.

동골이가 손뼉을 짝 쳤다.

"자, 이제 진짜 팩트 체크가 끝났습니다."

빼미 소장이 결과를 깔끔하게 정리했다.

"제우스 님의 움직이는 사랑, 그게 사랑이 넘쳐서라고요? 상대에게 들어 보니 한결같이 말합니다. 상대를 존중하지 않는 건 진정한 사랑이라고 할 수 없다!"

제우스의 표정이 와락 구겨졌다.

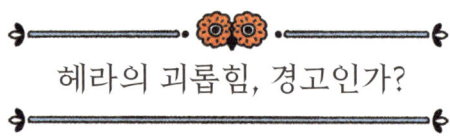

헤라의 괴롭힘, 경고인가?

"좋아요, 나는 뭐 그렇다 칩시다. 그럼 헤라의 행동은요? 결혼과 가정을 지키기 위해서였다? 경고였다? 그딴 것은 핑계일 뿐, 실은 괴롭힘 아니겠소?"

제우스가 삐딱한 자세로 검지를 흔들자, 헤라가 눈을 치떴다.

"그딴 것이라고요? 신들의 왕답게 품위 있는 말을 쓰시죠."

빼미 소장이 제우스와 헤라를 향해 손사래를 쳤다.

"잠깐만요, 두 분 다 흥분 가라앉히시고. 헤라 님, 괴롭힘이라는 제우스 님의 말에 동의하십니까?"

"아니요. 제우스는 나를 사랑한다고 말할 자격이 없지만 나는 제우스를 사랑합니다. 누누이 얘기하지만 나는 결혼과 가정을 지키려고 했습니다. 그래서 제우스가 내키는 대로 이 여자 저 여자 사랑하는 것을 그저 보고 있을 수만은 없었답니다."

헤라 말이 끝나기가 무섭게 제우스가 밉살스럽게 깐족거렸다.

"자기 가정을 지킨다고 뭐든 다 해도 되는 건 아니잖소? 내가 어딜 가든 눈을 부릅뜨고 나를 감시하는데……. 아주 답답해 죽겠어요. 나는 그래도 참을 수 있어요. 더 끔찍한 건 내가 만나는 여자, 게다가 내 자식들마저도 찾아가서 저주를 걸고, 따돌리고, 온갖 힘든 일은 다 시키고. 보고 있기가 얼마나 괴로운지 모를 거요!"

"목적이 괴롭힘이 아니라 경고였습니다. 제우스와 나 사이에 끼어들지 말라, 무시무시한 아내 헤라가 있으니 제우스 곁에 얼씬도 하지 말라는 경고!"

오싹할 만큼 싸늘한 헤라의 대꾸가 들리자, 제우스가 따져 물었다.

"경고? 경고라면 나에게 해야지, 왜 잘못도 없는 그들을 그렇게 괴롭혔소? 걸핏하면 괴물들까지 보내면서 말이오. 어디 보자, 눈이 백 개 달린 거인 아르고스, 머리가 백 개 달린 괴물 용 라돈, 거대한 게 카르키노스까지."

"내가 이유 없이 그랬을까요? 제우스가 독재자처럼 구니까 그럴 수밖에 없었답니다. 불쌍한 괴물들, 참 사랑스러운 녀석들이었는데, 제우스 때문에 모두 내 곁을 떠나고 말았습니다."

제우스가 이죽대며 헤라 말을 받아쳤다.

"그게 다 나 때문이란 말이오? 그래서 정당하단 말이오? 그럼 어디 그 말이 맞는지 나도 한번 해 봅시다! 이 해결소의 특기라는 팩트 체크!"

"누가 겁낼 줄 알고요? 어서 하죠."

두 신의 팽팽한 기 싸움에 천둥 번개와 함께 먹구름이 몰려왔다.

깜짝 놀란 빼미 소장이 동골이에게 눈짓을 보냈다.
"자, 자, 진정하시고요! 헤라 님이 말씀하신 대로 그분들이 괴롭힘이라기보다 경고라고 느꼈는지 사실을 확인을 해 볼게요. 동골아, 준비됐지?"
"네, 소장님, 증인 연결하겠습니다!"

☑ 팩트 체크 1. 레토에게 듣다

　헤라가 나를 괴롭힌 게 가정을 지키려고 한 경고일 뿐이었다고요? 누가요? 헤라가 자기 입으로 그랬다고요? 세상에! 내 이야기를 듣고 판단해 보세요. 그게 말이 되는 소리인지 아닌지.
　나는 티탄 신족의 여신 레토인데, 태양과 음악의 신 아폴론과 사냥과 달의 여신 아르테미스의 엄마예요. 헤라 때문에 내가 한 고생은 정말 이루 말할 수 없어요. 여태 악몽을 꿀 정도랍니다.
　지금이나 그때나 헤라는 제우스에 관해서 모르는 게 거의 없어

요. 제우스와 사랑에 빠져 쌍둥이를 가졌다는 것도 당연히 알아챘죠. 분노한 헤라가 햇빛이 비치는 어느 땅이든 내가 아이를 낳은 땅은 황무지가 될 것이라고 선언하는 바람에 어디에서도 아이를 낳을 수가 없었어요. 아이를 낳을 때가 되었는데도, 몸을 풀 곳을 찾지 못해 온 세상을 헤매고 또 헤맸죠.

그러다 마침내 메추라기 섬에서 나를 받아 주겠다고 했어요. 메추라기 섬은 원래는 내 언니 아스테리아였어요. 언니를 사랑한다면서 쫓아오는 제우스를 피해 바다에 메추라기로 변신해 뛰어들었다가 섬이 되고 말았지요. 그때만 해도 메추라기 섬은 바다 위를 떠다니는 거대한 바위일 뿐이었는데, 나는 아이를 낳게 해 준다면 성스러운 섬으로 만들어 주겠다고 언니에게 약속했답니다.

레토야, 내가 도와줄게.

그런데 아이 낳을 곳을 찾자마자, 헤라가 또 방해를 했어요. 하필 출산의 여신 에일레이투이아가 헤라의 딸일 게 뭐람. 이번엔 딸에게 내 출산을 돕지 못하게 했죠. 진통만 할 뿐 아이를 낳지 못하고 9일 동안 고통에 몸부림쳤어요. 보다 못한 다른 여신들이 나를 도왔어요.

그 가운데 무지개의 여신 이리스가 나섰는데 얼마나 고맙던지. 이리스는 거대한 금목걸이를 에일레이투이아에게 선물로 주고, 무지개다리를 놓아 메추라기 섬으로 같이 왔어요. 하지만 꽉 막힌 에일레이투이아는 헤라의 명령을 들먹이며 도와주지 않았죠.

그러자 이리스와 다른 여신들이 다시 꾀를 냈어요. 이번엔 바다의 신 포세이돈에게 부탁해 햇빛이 비치지 않게 파도로 메추라기 섬을 둘러쌌어요. 파도에 가려 섬에 햇빛이 비치지 않자, 그제야 에일레이투이아가 나를 도와주었죠. 어휴, 천신만고 끝에 아폴론과 아르테미스, 쌍둥이를 무사히 낳았지만 얼마나 고통스러웠던지…….

이게 괴롭힘이 아니면 뭐죠? 아폴론과 아르테미스는 그렇게 태어나 올림포스 열두 신 자리에 올랐는데, 세상에 나오지도 못할 뻔했지 뭐예요. 가정을 지키기 위한 경고라고요? 그럼 아폴론과 아르테미스까지 위태롭게 할 필요가 있었을까요?

☑ 팩트 체크 2. 칼리스토에게 듣다

 저 칼리스토는 지금은 큰곰자리가 되어 밤하늘을 지키고 있지만 한때는 아름다운 아가씨였답니다. 사냥과 달의 여신 아르테미스 님을 따르던 님프였죠.

 아르테미스 님은 짝 없이 홀로 지내는 신으로, 따르는 님프들도 아르테미스 님처럼 홀로 지냈답니다. 그런데 제게 반한 제우스 님이 아르테미스 님으로 변신해서 다가온 거예요.

 저는 그것도 모르고 어울렸다가 제우스 님의 아이를 갖고 말았죠. 그 사실을 알아챈 아르테미스 님은 몹시 화를 내며 저를 무리에서 내쫓았어요.

오갈 데 없던 저는 숲속에 있는 동굴에서 아이를 낳았어요. 아르카스라는 귀여운 사내아이였죠. 저는 아이가 제우스 님의 아들이라는 것을 들킬까 봐 동굴에서 몰래 키웠어요.

하지만 그 사실을 모를 헤라 님이 아니었죠. 헤라 님은 제 아름다움을 빼앗겠다면서 저를 곰으로 만들어 버렸어요. 저는 곰이 된 채 홀로 숲속에서 살았답니다. 헤르메스 님의 어머니 마이아 님께서 저 대신 아들 아르카스를 돌봐 주셔서 정말 다행이었죠. 그래요, 거기까지는 견딜 수 있었어요. 하지만 비극은 거기서 끝나지 않았답니다.

아아! 곰이 되다니!

　제 아들 아르카스는 늠름하게 자라 훌륭한 사냥꾼이 되었고, 우린 숲속에서 마주치고 말았죠. 아, 정말 아르카스를 얼마나 안아 보고 싶었는지. 하지만 아르카스 눈에 저는 그냥 곰이었어요. 아르카스는 제가 엄마인 줄도 모르고 화살을 겨누었어요. 저는 그 순간 괴로움에 속이 타들어 가는 것 같았죠.

　그때 제우스 님께서 회오리바람을 일으켜 얼른 우리를 하늘로 올렸고, 저와 아르카스는 큰곰자리와 작은곰자리가 되었답니다. 만약 제우스 님이 우리를 못 본 체했더라면……, 생각하기조차 싫어요.

그런데 더 놀라운 게 뭔지 아세요? 그 뒤로도 헤라 님의 괴롭힘이 끝나지 않았다는 거예요. 저와 아르카스가 하늘로 올라가 별자리가 되었다는 사실이 견딜 수 없었나 봐요. 별자리가 되는 건 영광스러운 일이니까요. 그래서 헤라 님은 바다의 신 포세이돈 님에게 찾아가 우리를 벌주라고 부탁했어요.

"큰곰자리와 작은곰자리가 바다에서 쉴 수 없게 해 주세요!"

헤라 님의 부탁 때문에 하룻밤 하늘을 돌고 나면 지평선 밑에서 쉬는 다른 별자리와 달리, 우리는 일 년 열두 달 쉴 새 없이 북극점 주위를 돌고 돈답니다.

헤라 님이 가정을 지키려고 그런 거라고요? 모르겠어요. 제가 아는 건 딱 하나예요. 저는 억울하다는 거예요. 저는 아무것도 모른 채 아들을 홀로 낳아 힘들게 키웠고, 헤어졌던 아들을 사냥감과 사냥꾼으로 맞닥뜨린 비극을 겪었어요. 잘못한 이가 있다면 그건 제가 아니라 저를 속인 제우스 님이죠.

☑ 팩트 체크 3. 헤라클레스에게 듣다

나는 헤라클레스, 아마 영웅 중에 가장 유명한 영웅일 거예요. 그런데 왜 나를 불렀다고요? 머리가 백 개 달린 괴물 용 라돈이랑 거대한 게 카르키노스 때문이랬나?

맞아요. 둘 다 내가 물리쳤어요. 그때 헤라 님이 보통 사람이라면 도저히 할 수 없는 어려운 과업을 열두 가지나 내 줬거든요. 미케네의 바보 같은 왕 에우리스테우스를 시켜서요.

카르키노스는 조카 이올라오스와 머리 여섯 개 달린 물뱀 히드라를 없앨 때였나? 히드라 곁에 얼쩡거리면서 자꾸 방해해서 발로 밟아 버렸더니, 뭐 그렇게 됐어요. 라돈은 헤스페리데스 정원에서 황금 사과를 따 올 때였나? 여하튼 카르키노스처럼 방해하길래 해치워 버렸어요.

응? 그게 아니라고요? 헤라 님이 나를 괴롭힌 게 경고였냐고요? 흠, 내 어머니는 암피트리온 왕의 아내 알크메네이고 아버지는 제우스 님이었지요. 사람을 어머니로 둔 나를 헤라 님은 지독히 미워하셨어요. 태어나자마자 나를 죽이려고 독사까지 보낼 정도였으니까요.

세상에 처음 나가 포악한 사자를 해치우고 메가라 공주와 결혼하고, 사랑스러운 아이들도 여럿 얻었을 때였지요. 모든 신과 사람들이 우리 사랑을 축복하는 것 같았어요. 그런데 갑자기 뭐에 홀리기라도 한 듯 아내와 아이들이 피에 굶주린 짐승으로 보이는 겁니다. 나는 그들을 화살로 쏘아 죽였습니다. 가족들을 내 손으로 죽인 거지요. 나는 아내 메가라와 아이들을 진심으로 사랑했어요. 그때만 생각하면 숨을 쉴 수가 없어요. 내 손으로 가족들을 죽이다니!

처음엔 도저히 견딜 수가 없어서 나도 따라 죽으려고 했어요. 하지만 나는 생각을 고쳐먹었답니다. 비겁하게 죽느니 죄를 씻고 다시 태어나려고요. 그래서 델포이로 가서 아폴론의 신탁을 받고, 에우리스테우스의 명령을 받아 열두 가지 과업을 하나씩 해결하기 시작한 거예요.

하나하나가 보통 사람이라면 죽었다 깨어도 못 할 일이었지만 꿋꿋이 해 나갔어요. 벌을 받아 마땅하다고 생각했으니까요. 아내와 아이들에게 속죄하는 마음으로요. 다행히 그 과업은 사람들에게 도움을 주는 일이었지요.

헤라 님은 참 가혹하게도 나를 괴롭히셨어요. 갑자기 미치게 만들어 아내와 아이들을 죽이게 한 분도 헤라 님. 그 벌로 열두 가지나 되는 과업을 내 준 분도 헤라 님. 나는 헤라 님 손끝에서 노는 꼭두각시나 다름없었지요. 괴로움 속에서 헤매고 또 헤매는 꼭두각시!

헤라 님의 괴롭힘 덕분에 나는 열두 가지 과업을 모두 완수하고 용맹과 지혜를 겸비한 영웅 중의 영웅이 되었어요. 불에 타 죽은 뒤에는 별자리가 되었고요. 그런데 무참히 짓밟힌 내 가정은요? 내 아내는요? 내 아이들은요? 이게 진정 헤라 님이 바란 건가요?

☑ 팩트 체크 4. 디오니소스에게 듣다

 나는 술과 축제의 신 디오니소스랍니다. 제우스와 테베의 공주 세멜레의 아들이에요. 나도 헤라 님의 괴롭힘으로 만만찮게 고생했답니다. 정말 끔찍한 일을 당한 건, 어머니 세멜레였고요.
 어머니는 테베를 세운 카드모스 왕과 조화와 균형의 여신 하르모니아의 딸이에요. 참, 외할머니 하르모니아가 전쟁의 신 아레스와 미와 사랑의 여신 아프로디테의 딸인 건 알고 있지요? 외할머니 하르모니아는 눈부시게 아름다운 분이셨다네요.
 그건 그렇고, 어머니에게 한눈에 반한 아버지 제우스는 사람으로 변신해서 어머니와 다정한 한때를 보내곤 했답니다.

그 사실을 알게 된 헤라 님은 가만있지 않았어요. 어머니의 유모로 변장해서 어머니를 꼬드겼답니다. 아버지가 제우스 님이 아닐 수도 있다고요. 거짓말을 했을 수도 있다고요. 어머니는 그 말을 듣고는 아버지에게 소원 하나만 들어 달라고 부탁했지요. 어머니 말은 뭐든 들어주고 싶었던 아버지는 그러겠다고 맹세했어요. 그것도 스틱스강에 걸고! 신들의 왕이라 해도 스틱스강에 걸고 한 약속은 지켜야만 했어요. 그래서 아버지는 어머니 소원을 들어주려고 아버지의 진짜 모습을 드러낼 수밖에 없었지요. 감히 아버지 천상의 모습을 직접 본 사람은 아무도 살아남은 사람이 없었어요. 어머니도 아버지가 내뿜는 빛에 타 죽고 말았답니다.

그때 어머니 배 속에서는 이미 내가 자라고 있었어요. 아버지는 어머니 배 속에서 나를 꺼내 허벅지에 집어넣고 키웠어요. 나는 어머니의 배 속에서 한 번, 아버지의 허벅지 속에서 다시 한 번, 그렇게 두 번 태어났답니다.

태어난 뒤에도 힘든 나날이 계속됐어요. 아버지는 헤라 님의 분노를 살까 걱정한 나머지, 헤르메스 님에게 나를 맡겼어요. 헤르메스 님은 오르코메노스의 왕이었던 아타마스와 그의 두 번째 아내 이노에게 나를 돌보게 했답니다. 그 사실을 안 헤라 님은 아타마스와 이노를 미치게 했어요.

나는 다시 헤르메스 님의 도움으로 이번에는 인도 뉘사산의 님프들에게 맡겨졌지요. 헤라 님에게 들킬까 봐 여자 옷을 입고 정체를 감추고 지냈어요. 하지만 헤라 님은 모르는 게 없는 분이라 결국 또 들키고 말았어요.

달아나고, 달아나고, 그렇게 달아났지만 헤라 님의 괴롭힘은 내가 어른이 될 때까지도 계속됐어요.

헤라 님은 어머니의 목숨을 빼앗고, 게다가 나를 계속 떠돌아다니게 하면서 괴롭혔어요. 가정을 지키려 했다고요? 사랑을 되찾으려 했다고요? 괴롭힘이 경고였다고요? 너무 지나치신 거 아닌가요?

그런 무시무시한 괴롭힘이 제우스 님에 대한 사랑인가요? 그건 제우스 님에 대한 헤라 님의 집착이 아닐까요? 집착이 분노를 낳고 분노가 끔찍한 괴롭힘으로 이어진 거지요.

동골이의 눈에서 푸른 빛이 사라졌다.
"자, 그럼 이제 결과를……."
빼미 소장의 말이 끝나지도 않았는데, 제우스가 일어나면서 헛기침을 했다.

"어험, 잠깐! 나도 한마디 해야겠소."

제우스가 손가락을 튕기자, 해결소 바닥이 꿈틀거리는가 싶더니 어디선가 뱀 두 마리가 나타났다. 뱀들은 목을 세운 채 사냥감이라도 찾는 듯 여기저기 기웃거리며 혀를 날름거렸다. 그 모습을 본 헤라가 움찔하니까, 제우스가 혀를 끌끌 찼다.

"헤라는 갓 태어난 헤라클레스를 죽이려고 저 뱀들을 보냈지요."
동골이가 궁금함을 참지 못하고 물었다.
"왜 두 마리나 보냈어요? 헤라클레스가 힘이 너무 세서요?"
제우스가 검지를 살래살래 흔들었다.
"아니, 아니. 갓 태어난 아이가 한 명 더 있었거든요."
"아, 쌍둥이였군요."

빼미 소장이 탄식하듯 말했다.

"맞아요. 쌍둥이지만 헤라클레스는 내 아들, 이피클레스는 알크메네의 남편 암피트리온의 아들이었다오. 헤라는 누가 내 아들인지 몰라서 뱀 두 마리를 보낸 거였소."

"갓난아이에게 뱀 두 마리를 보내시다니요? 너무 잔인해요."

동골이가 참지 못하고 끼어들자, 제우스가 무겁게 한숨을 내쉬었다.

"이피클레스는 우리와 아무 관계도 없는 아이였는데……. 헤라클레스가 뱀을 물리쳐서 천만다행이었다오. 만약 이피클레스가 죽었더라면 어떻게 되었겠소? 가정을 지킨다고요? 죄 없는 아이를 죽인 잔인한 신이라는 악명이나 떨쳤겠죠.

사랑을 되찾고 싶었다고요? 다른 이들을 괴롭혀서 얻은 사랑으로, 과연 행복할 수 있을까요? 헤라는 가정을 지킨다는 핑계로 너무 많은 이들을 괴롭혔다오. 그런 건 그냥 집착일 뿐이라오."

제우스가 말을 하면 할수록 헤라의 표정은 어두워져만 갔다.

그러자 빼미 소장이 목소리를 가다듬고 말했다.

"헤라 님의 괴롭힘, 상대에게 들어 보니 한결같이 말합니다. 경고라기에는 너무 지나쳤다고요. 물론 헤라 님의 고통도 이해가 됩니다만, 상대의 고통도 한 번쯤 생각해 봤다면 좋지 않았을까요?"

헤라가 불편한 표정으로 고개를 돌렸다.

올림포스 최강 커플, 제우스와 헤라

 여기까지 확인한 결과, 두 신의 다툼에 승자는 없었다. 오직 패자만 있을 뿐이었다. 제우스와 헤라, 둘 다 씁쓸한 표정이었다.
 "그럼 결론 난 거죠? 제우스 님의 움직이는 사랑도 문제, 헤라 님의 경고도 문제였습니다! 나에게는 사랑이어도 상대에게는 아닐 수 있고, 경고라기에는 너무 지나쳤으니까요."
 빼미 소장이 딱 잘라 말했다.
 헤라가 샐쭉한 표정으로 옷자락을 정리하며 일어나려 했다.

"결론이 났으니 더는 다툴 일 없겠네요."

제우스가 턱수염을 쓰다듬으며 헛기침을 했다.

"험험, 헤라 말대로 다툴 일이 없으니 다행이라고 해야 하나?"

볼일이 끝났다는 듯 일어나려는 두 신에게, 빼미 소장이 불쑥 질문을 던졌다.

"그런데 헤라 님과 제우스 님, 이걸로 끝내시게요? 두 분은 신들의 왕과 여왕이잖아요. 두 분 모두에게 문제가 있다고 결론은 났지만, 서로의 곪은 상처는 그대로네요. 상처를 치유하고, 올림포스 최강 커플로 우뚝 서 보심이 어떨까요? 엎치락뒤치락 해결소가 도와드리겠습니다."

제우스와 헤라의 눈길이 빼미 소장에게 모이자, 빼미 소장은 으스대며 날갯짓을 했다.

"우리 엎치락뒤치락 해결소에는 팩트 체크 말고 꼭 필요할 때만 사용하는 은밀한 특기가 더 있답니다. 바로 성격 체크인데요, 두 분은 아주 특별한 의뢰인이니까 이 기술로 도와드리겠습니다. 먼저 두 분의 성격에 대해 알아보아야 하니까요, 이 설문지를 작성해 주세요. 아까 제 질문에 솔직하게 대답해 주신 것처럼 이번에도 솔직하게 작성해 주셔야 합니다."

제우스와 헤라는 알았다는 듯이 동시에 머리를 끄덕였다.

드디어 성격 체크 결과가 나왔다. 결과를 쭉 훑어본 빼미 소장이 천천히 입을 열었다.

제우스 님은 대담한 통솔자!

자신감과 카리스마로 똘똘 뭉친 제우스 님, 당신은 타고난 지도자! 올림포스를 다스리고 인간 세상을 지키기 위해 다른 신과 영웅들을 앞장서서 이끕니다. 도전 정신은 통솔자형의 특징! 목표가 크든 작든 상관없죠. 어떤 도전이라도 앞뒤 가리지 않고 돌진! 제우스 님은 그 어떤 도전도 실현 가능하다고 믿습니다.

대담한 통솔자 제우스 님에게 필요한 건?

제우스 님은 진정한 권력가형으로 자신을 과대 포장하는 경향이 있습니다. 하지만 제우스 님의 성공은 혼자 잘해서 이룬 게 아니랍니다. 제우스 님을 도와준 이들을 기억하세요. 당신은 그들의 재능과 노력을 인정해야 해요. 언제나 뒤에서 든든히 받쳐 준 이에게 고맙다는 말 한마디, 어떠신가요?

제우스의 눈길이 저도 모르게 헤라를 향했다.

그 모습을 보고는 동골이가 은근슬쩍 말을 꺼냈다.

"앗, 제우스 님, 헤라 님께 고맙다고 말하고 싶으신 거죠?"

제우스는 쑥스러운 듯 헛기침을 하다, 고개를 끄덕였다.

"뭐, 처음 신들의 왕이 될 때도 헤라가 나를 도와줬고, 뭐니 뭐니 해도 누구보다 든든한 내 편인 건 사실이니까요."

헤라 님은 엄격한 관리자!

정직, 헌신, 당당! 헤라 님, 당신은 둘째가라면 서러울 원칙주의자! 전통과 질서를 세우고 지키며 가정과 사회의 수호자로서 역할을 다합니다. 옳고 그름을 따지는 건 관리자형의 본능! 한 번 옳다고 생각한 일은 거침없이 밀어붙입니다. 게으름과 거짓말은 못 참아요! 심하다 싶을 만큼 혼쭐을 내기도 합니다. 고집불통이라서가 아니라, 그래야 올바른 세상이 만들어진다고 믿거든요.

엄격한 관리자 헤라 님에게 필요한 건?

헤라 님은 모두 자신과 같다고 여기는 경향이 있습니다. 하지만 저마다 중요하게 여기는 것도 다르고, 그걸 지키기 위한 노력의 크기도 다르답니다. 남들이 헤라 님처럼 행동하지 않는다고 비난하기보다 그들을 이해하려고 노력해야 해요. 가까운 이의 장점을 찾아내 칭찬 한마디, 어떠신가요?

헤라가 고개를 끄덕였다.

"제우스는 나와 달리 너그러운 데가 있습니다. 그건 분명히 장점이죠."

제우스가 헤벌쭉 웃으며 냉큼 말을 받았다.

"언제 그렇게 신통한 생각을 했소?"

"내가 제우스 당신이 너무 미운 나머지 반란을 일으켰을 때요. 아폴론, 아테나, 포세이돈과 함께 잠든 당신을 가죽끈으로 묶었지요. 결국 실패로 끝났지만."

"아, 그땐 별로 너그럽지 않았던 것 같은데. 당신을 사슬로 묶어 하늘 한가운데 거꾸로 매달아 창피를 톡톡히 줬잖아요. 나도 화가 엄청 나서 그만……."

제우스가 우물쭈물하자 헤라가 픽 웃었다.

"그래도 아폴론과 포세이돈보단 훨씬 가벼운 벌이었어요. 둘은 신인데도 사람들 노예로 살면서 일 년 동안 트로이성을 쌓아야 했잖아요."

성격 체크가 끝나자, 제우스와 헤라의 표정이 처음 해결소 문을 열고 들어왔을 때와는 비교도 할 수 없을 만큼 부드러워졌다.

빼미 소장이 두 신을 번갈아 보며 다정한 목소리로 물었다.

"두 분은 아주 오랫동안 올림포스 공식 커플로 지내 오셨잖아요? 두 분에게 좋았던 일도 많았을 거 같은데요?"

빼미 소장의 말에 두 신이 서로 멀뚱멀뚱 바라보더니, 제우스가 먼저 입을 열었다.

"자식들과 사이좋게 지내는 모습을 볼 때요. 헤라가 헤르메스에겐 잘했거든요. 그리고 헤라클레스와 디오니소스도 처음에는 괴롭히긴 했지만, 결국은 사이좋게 지내게 되었소. 그런 모습을 보면서, 헤라가 나를 사랑하는구나 하고 느꼈다오."

제우스 다음으로 헤라가 말을 이었다.

"제우스에게 지친 나머지 대서양에 있는 양부모님 댁으로 가출한 적이 있었답니다. 그때, 제우스가 내 마음을 돌리려고 마차에 돌덩이를 싣고는 새 신부라고 말하며 여기저기 다녔어요. 그런 우스운 일까지 벌이는 걸 보니 나를 사랑하긴 하는구나, 우리 가정을 지키고 싶어 하는구나 생각했습니다."

눈치 없는 동골이가 끼어들었다.

"소장님, 저 그 사건, 올림포스 흑역사의 전당에서 봤어요. 다들 제우스 님이 사랑꾼이라고…….”

빼미 소장이 동골이를 곁눈으로 흘겨보았다. 동골이는 뜨끔해서 머리를 긁적이며 제우스와 헤라의 표정을 살폈다. 두 신은 서로를 바라보고 있었다. 이 틈을 놓칠 빼미 소장이 아니었다.

"저희가 두 분을 위해 아주 특별한 선물을 준비했습니다. 동골아, 자료 영상 준비됐지?”

제우스와 헤라는 어느새 손을 꼭 잡고 있었다.
"헤라, 여기 정말 대단한걸!"
"맞아요, 들어올 때만 해도 이런 마음으로 나가게 될 줄은 몰랐어요."

두 신은 엎치락뒤치락 해결소를 찬찬히 둘러보았다. 그러고는 빼미 소장과 동골이를 향해 활짝 웃었다.
"고마워요. 빼미 소장님, 그리고 조수 동골 씨."
"아니, 제우스 당신! 인사만 하고 넘어가려고요?"

헤라가 품 안에서 무지개 한 자락을 꺼내 해결소 창에 걸어 놓았다.
"우리 도움이 필요하면 언제든지 저 무지개에 대고 말해요. 알죠? 무지개가 내 말을 전하는 심부름꾼인 거?"

제우스와 헤라는 활짝 웃으며 해결소를 나갔다.
동골이가 눈에서 푸른 빛줄기를 쏘며 호들갑을 떨었다.

"올림포스 최강 커플 제우스 님과 헤라 님 다툼도 깔끔하게 해결! 엎치락뒤치락 해결소 명성, 쭉쭉 올라갑니다!"

빼미 소장은 갑자기 피곤이 몰려왔다. 두 신의 심기를 건드리지 않고 해결할 수 있어서 안도했다. 엎치락뒤치락 해결소는 야행성인 빼미 소장 때문에 새벽녘에 문을 닫는다. 동골이가 해결소 간판의 불을 껐다.

그 뒤 엎치락뒤치락 해결소에는 다툼을 해결해 달라는 전자 우편이 쏟아졌다.

 엎치락뒤치락 해결소 앞

요즘 천둥 번개가 싹 사라졌더라고요.
그리스가 이렇게 조용한 건
엎치락뒤치락 해결소 덕분이라죠?

제우스 님 추천으로 다툼 해결을 부탁하려고 합니다.
비밀도 꼭꼭 지켜 준다고 들었어요!

의뢰인 오디세우스 & 칼립소

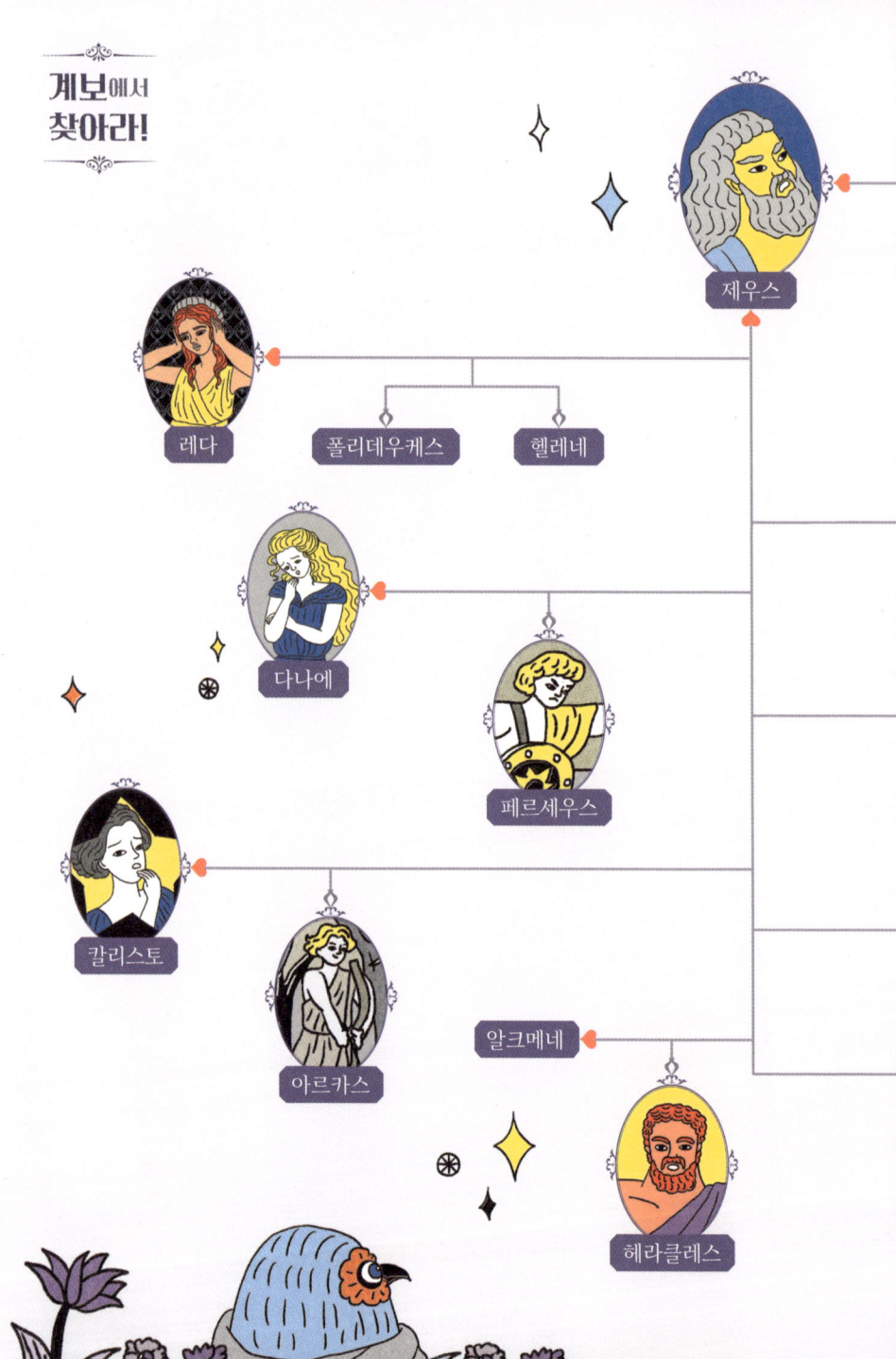

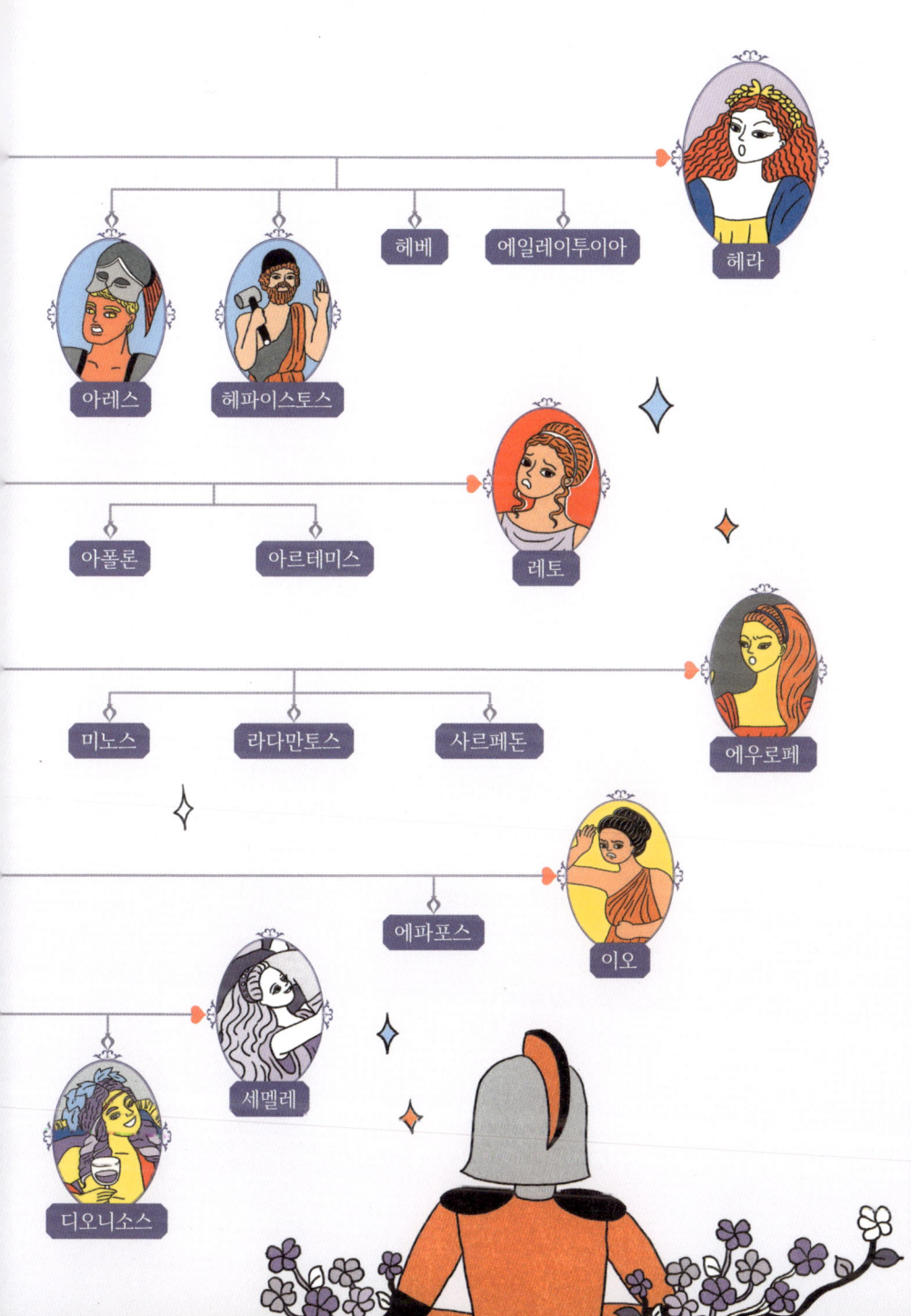

글 보린

2009년 『뽈치』로 '푸른문학상 미래의 작가상'을 받으며 작가가 되었습니다. 쓴 책으로는 동화 『귀서각』, 『컵 고양이 후루룩』, 『고양이 가장의 기묘한 돈벌이 1~3』, 『쉿! 안개초등학교 1, 2』, 청소년 소설 『살아 있는 건 두근두근』, 그림책 『100원짜리만 받는 과자 가게』 등이 있습니다.

그림 백두리

홍익대학교에서 시각디자인을 공부했으며 그림이 담길 마땅한 자리를 찾아 채워 넣는 즐거움으로 살아가고 있습니다. 쓰고 그린 책으로는 그림 에세이 『솔직함의 적정선』, 『그리고 먹고살려고요』, 『나는 안녕한가요?』 등이 있고, 그린 책으로는 『클레오파트라의 미 교실』, 『울퉁불퉁 빨래용과 유령 소동』, 『까칠한 아이』, 『바람의 사춘기』, 『데굴데굴 콩콩콩』 등이 있습니다.

감수 김길수

건국대학교 철학과를 졸업하고, 같은 학교 대학원에서 박사 학위를 받았습니다. 현재 건국대학교 문과대학 교수로 학생들을 가르치고 있습니다. 'EBS 지식의 기쁨' 프로그램의 '상징으로 보는 그리스 로마 신화' 강의를 했고, 쓴 책으로는 『다시 쓰는 그리스 신화』 등이 있습니다.